D1624304

L'auteur
Dominique de Saint Mars

Après des études de sociologie,
elle a été journaliste à *Astrapi*.
Elle écrit des histoires
qui donnent la parole aux enfants
et traduisent leurs émotions.
Elle dit en souriant qu'elle a interviewé
au moins 100 000 enfants...
Ses deux fils, Arthur et Henri,
ont été ses premiers inspirateurs !
Prix de la Fondation pour l'Enfance.
Auteur de *On va avoir un bébé*,
Je grandis, *Les Filles et les Garçons*,
Léon a deux maisons et
Alice et Paul, copains d'école.

L'illustrateur
Serge Bloch

Cet observateur plein d'humour
et de tendresse est aussi un maître
de la mise en scène.
Tout en distillant son humour généreux
à longueur de cases, il aime faire sentir
la profondeur des sentiments.

Max n'aime pas lire

Série dirigée par Dominique de Saint Mars

© Calligram 1992
Tous droits réservés pour tous pays
Imprimé en Italie
ISBN : 2-88445-037-8

Ainsi va la vie

Max n'aime
pas lire

Dominique de Saint Mars

Serge Bloch

CALLIGRAM

CHRISTIAN ○ GALLIMARD

9

10

Le li-on tour-na la tête
vers la pe-ti-te fille,... battit des
paup... pières et poussa un grand...
euh... ru-gissement...

13

14

16

20

21

Et puis, quand je lis
une phrase longue, je ne me souviens
même plus de ce qu'il y avait
au début.

LE SOIR...

Ah, non ! Tu ne vas pas allumer la télé !

Monde cruel !

24

Toi assi, tu préfères le foot et la télé... aux bouquins ?

Non. Il y a des livres que j'ai adorés. Toi aussi, tu aimeras.

ET COMME TOUS LES SOIRS...

Au lit, les enfants !

30

31

De toute façon, c'est nul !

Non ! C'est l'histoire d'une belle princesse qui est prisonnière et puis il y a un mousquetaire très courageux et...

Et alors !... dis... Lili.

33

35

Et toi...

Est-ce qu'il t'est arrivé la même histoire qu'à Max ?

Est-ce parce que tu as eu du mal à apprendre à lire
et que cela te demande trop d'efforts ?

Trouves-tu que les livres ont trop de pages,
pas assez d'images ou des lettres trop petites ?

Est-ce parce que tu n'aimes pas
te sentir forcé de lire ?

Préfères-tu jouer, faire du sport
ou regarder la télévision ?

Est-ce parce que tes parents lisent trop...

ou parce qu'ils ne lisent jamais ?

L'auteur du livre est-il comme un ami
qui te fait vivre une formidable aventure ?

As-tu déjà trouvé des livres dont le sujet
t'intéressait vraiment ?

Penses-tu que l'on peut ne pas aimer un livre
ou l'arrêter en cours de route ?

As-tu remarqué que plus on lit, mieux on sait choisir ses lectures, et plus on aime lire ?

As-tu déjà prêté à un ami un livre que tu avais aimé ?

Aimes-tu aussi les histoires que tu lis avec quelqu'un que tu aimes ?

43

**Après avoir réfléchi
à ces questions sur la lecture
tu peux en parler
avec tes parents ou tes amis.**

Dans la même collection